LIVRE
DE LA
FAMILLE REYNAUD-CHAFFRÉD
DE
TOURNOUX

RÉDIGÉ PAR LE CHANOINE REYNAUD
Licencié en théologie,
Curé Archiprêtre de la Cathédrale de Digne,
Vicaire général

RELIGION — HONNEUR — TRAVAIL

DIGNE
IMPRIMERIE CHASPOUL
Place de l'Évêché, 20

1913

LIVRE

DE LA

FAMILLE REYNAUD-CHAFFRÉD

DE

TOURNOUX

RÉDIGÉ PAR LE CHANOINE REYNAUD

Licencié en théologie,

Curé Archiprêtre de la Cathédrale de Digne,

Vicaire général

RELIGION — HONNEUR — TRAVAIL

DIGNE

IMPRIMERIE CHASPOUL

Place de l'Évêché, 20

1913

INTRODUCTION

C'est une chose bien naturelle et tout à la fois pleine d'intérêt que de connaître l'histoire de sa famille.

D'une part, en effet, nous aimons à remonter la suite des temps pour y suivre nos ancêtres, pour savoir les lieux qu'ils habitèrent, le rang qu'ils occupèrent parmi leurs concitoyens, les alliances qu'ils contractèrent, les actions d'éclat ou de vertu qu'ils accomplirent, les événements heureux ou malheureux qu'ils connurent.

D'autre part, la vraie vie de famille est faite

de traditions. C'est par ses traditions, en effet, qu'une famille a son caractère propre, sa physionomie à elle. C'est à ses traditions qu'elle doit son unité, ses mœurs, On y tient, on s'en fait gloire. La tradition familiale est pour les familles qui la possèdent une noblesse de sang qui vaut la noblesse des titres.

Or, pour fixer ces traditions, pour les interpréter et les transmettre, il faut un livre, vrai livre d'or du foyer, le livre si bien appelé : livre de famille.

Ce sont ces raisons qui m'ont déterminé à faire ce livre de famille. Il m'a demandé beaucoup de travail, à cause des recherches longues et difficiles auxquelles j'ai dû me livrer. Il m'a fallu, en effet, dépouiller et classer de nombreux documents de famille, tels que contrats de mariage, testaments, transactions, quittances, ventes, achats, livres de raison. J'ai dû aussi parcourir les minutes des notaires du canton de Saint-Paul versées aux archives départementales, consulter les actes de l'état civil déposés à la commune ou au greffe de Barcelonnette. Malheureusement, ces actes sont très incomplets ; les plus anciens ne remontent guère qu'au milieu du XVIIe siècle, et ceux qui sont postérieurs renferment encore beaucoup de lacunes, ce qui est cause que je n'ai pu préciser la date de la naissance, du mariage et du décès de quelques-uns de nos aïeux. Toutefois je suis parvenu à établir la généalogie de nos ancêtres paternels jusqu'à la dixième génération, ce qui est quelque chose. J'aurais bien voulu remonter plus haut, mais cela m'a été impossible faute de documents, car l'histoire d'une famille, pas plus que celle d'un pays, ne s'invente pas.

En remontant jusqu'au milieu du XVIe siècle, je trouve notre famille établie à Maurin, au hameau de Combremond. Ce n'était pas sans doute une famille seigneuriale, mais cependant une des notables du pays. Ce qui le prouve, c'est que plusieurs de nos ancêtres remplirent la charge de consul ; ils portent le titre de Mestre, titre qui emportait une certaine distinction sociale pour les familles non nobles.

D'autre part, je trouve, vers la fin du XVIIe siècle, un prêtre dans notre famille. Cela suppose une certaine aisance, car, à cette époque, plus encore qu'aujourd'hui, pour faire arriver un enfant au sacerdoce il fallait des dépenses relativement considérables.

Enfin les livres de raison que nous ont laissés Jacques et Chaffréd Reynaud prouvent qu'ils avaient reçu une éducation plus qu'ordinaire; c'étaient des hommes instruits, chose plus rare à une époque où l'instruction était moins répandue que maintenant, quoique déjà en honneur dans la Vallée.

Pour l'ordre à observer dans ce travail, je suivrai la suite des générations en commençant par la plus éloignée qui m'est connue. Après avoir donné, au commencement de chaque chapitre, un aperçu un peu plus complet sur chacun des chefs de la famille, j'ajouterai un résumé sur leur descendance. Cet ordre est, à mon avis, le plus simple, le plus naturel et le plus logique.

CHAPITRE PREMIER

Jacques Reynaud,
le plus ancien chef de notre famille
qui nous soit connu.
Sa descendance

I.

En parlant d'une coutume dont on ne connaît pas l'origine, on dit qu'elle se perd dans la nuit des temps. On peut tenir le même langage d'une famille qui n'a pas de traditions écrites. Il n'est pas rare de rencontrer des personnes qui ne savent rien ou à peu près d'un bisaïeul, d'un aïeul même, si elles n'ont pas vécu avec lui, tant s'altère vite dans la mémoire des hommes le souvenir de ceux qui les ont précédés dans la vie.

Dès lors, qui pourrait s'étonner que, faisant l'histoire de ma famille, il ne m'ait pas été possible de fixer les dates de la naissance, du mariage et du décès de ceux de mes aïeux qui vivaient dans la seconde partie du XVIe siècle ou au commencement du siècle suivant. Lës actes de l'état civil qui auraient pu fixer ces dates ne furent guère tenus dans les paroisses avant le XVIIe siècle, et combien imparfaitement ! Et, là même où ils étaient tenus, combien qui ont disparu ou péri par la négligence et l'incurie de ceux qui avaient le devoir de veiller à leur conservation.

Il n'est donc pas surprenant que nous ne sachions que peu de chose sur Jacques Reynaud, le plus ancien de mes ancêtres qui nous soit connu et qui est l'objet de ce premier chapitre. Il devait naître vers le milieu du XVIe siècle ou un peu plus tard. Mais nous ignorons la date de sa naissance, de son mariage et de sa mort. Nous ne le connaissons que par l'acte de mariage de sa fille Honorade et la transaction passée par son fils Chaffréd avec le quartier de Maurin, documents que nous reproduisons ci-après.

II.

Descendance de Jacques Reynaud

Nous connaissons de Jacques Reynaud deux enfants, à savoir :

Honorade. — Elle nous est connue par l'acte suivant, tiré des archives départementales (1) : « Le 26 avril 1616, Barthélemy André passait contrat de mariage avec Honorade Reynaud, fille de Jacques de Maurin. » L'acte ne mentionne pas le nom de la mère de la contractante. Son père, « pour l'aider à supporter les charges matrimoniales », lui constituait une dot de 700 florins, monnaie roy courante (2).

---

(1) Série B, 635, fol. 122.

(2) Dans les transactions, contrats de mariage, testaments, ventes et achats dont il est question dans ce travail, on nomme des monnaies qui, aux XVIe, XVIIe et XVIIIe siècles, avaient cours dans la vallée de Barcelonnette. Ces monnaies variant avec les pays, il nous est bien difficile d'en assigner la valeur réelle. Voici, d'après l'étude que nous en avons faite, ce qui nous semble se rapprocher le plus de la vérité :

Le florin d'Espagne argent valait environ 12 fr. 45.
La pistole d'or valait à peu près 10 francs.
La pistole meytadière, la moitié de la pistole d'or.
Le double d'Espagne en or valait environ 80 francs.
L'écu roy avait une valeur de 3 francs.
La livre ducale équivalait à notre franc.
La double livre, la moitié plus.

Quant à la valeur en monnaie actuelle de ces monnaies anciennes, observons que, depuis que l'or et l'argent sont devenus plus abondants, leur valeur a diminué de la moitié, ou même davantage. C'est ainsi qu'aux XVIe et XVIIe siècles on payait une poule 4 ou 5 sous, un mouton 5 ou 8 livres. Nous sommes loin des prix actuels.

Jacques. — Nous connaissons Jacques Reynaud par le document suivant tiré des mêmes archives (1) : « Le 26 mai 1669, le conseil général de Maurin s'est réuni pour voter l'imposition d'une taille de 27 soldis par livre cadastrale, pour subvenir au paiement de 14 pistoles promises à Chaffréd Reynaud, *feu Jacques*, pour le rebâtissement de la maison claustrale du quartier. »

Nous ne savons rien de plus de cet ancêtre. Nous passons donc à la génération suivante, qui, déjà, nous est mieux connue.

(1) B, 663, fol. 76.

CHAPITRE II

Chaffréd Reynaud, chef de famille.
Sa descendance.

I.

Nous ignorons la date de sa naissance, mais nous ne croyons pas nous éloigner beaucoup de la vérité en la plaçant aux dernières années du XVIe siècle ou aux premières du siècle suivant. Nous connaissons surtout cet aïeul par plusieurs documents que j'énumère ci-après.

Le premier est un acte de vente de l'année 1624. L'acte étant en très mauvais état, j'ai pu, avec peine, déchiffrer qu'il avait été passé par Chaffréd Reynaud.

Le second acte est très concluant, et je le donne dans toute sa teneur : « Le 29 mai 1662, Chaffréd Reynaud arrente toutes les montagnes de Maurin, à savoir : Rubrent, Cornalli, Pategoun, la Gavea, Chabrette, Longet et Roure, Tuffier, Vallon de la Pique, Teste Meyronnées et Pichal, au prix de douze pistolles et demie meytadières. » (Archives de famille, n° 10.) (1).

---

(1) Ces archives de famille sont des documents trouvés à la maison et que j'ai numérotés.

II.

Descendance de Chaffréd Reynaud

Chaffréd eut quatre enfants : deux fils et deux filles.

Jacques. — L'aîné des garçons devenait, par la mort de son père, chef de famille. J'en parlerai au chapitre suivant.

Chaffréd. — Le second des fils était prêtre. Nous le voyons figurer dans plusieurs transactions. En 1662, le 29 mai, il passait un convenu avec le quartier de Maurin, par lequel il s'engageait, à titre de secondaire, à dire la messe tous les dimanches et les jours de fête, à la sortie de l'office des Pénitents, et les lundis, mardis et mercredis pour les âmes du Purgatoire, au prix de 34 écus roy. Il mourait en 1692, comme il est certain par le reçu suivant trouvé dans les papiers de famille, nº 10 :

« Je soussigné, Garcin Paul, curé de Maurin, passe quittance à Jacques Reynaud, feu Chaffréd de Combremond, pour la neuvaine faite pour le Révérendissime Chaffréd Reynaud, prêtre, son frère, ainsi que pour l'absoute donnée durant deux ans, dimanches et fêtes, sur son tombeau, par son ordre. 11 octobre 1694. »

Marie. — L'aînée des filles épousait, en 1669, Jean Arnoux, de Maurin.

Catherine était mariée avec Etienne Hugues, pareillement de Maurin. Toutes deux étaient veuves en 1696, comme il conste par la pièce suivante :

« Le 16 novembre 1696, Marie et Catherine Reynaud, veuves de Jean Arnoux et d'Etienne Hugues, font cession à Jacques Reynaud, leur frère, de Maurin, de leur part d'héritage qui leur revenait sur la succession de leur commun frère, Chaffréd Reynaud, prêtre, mort *ab intestat* (1).

Chaffréd Reynaud, père de cette famille, mourait vers 1680. Nous ignorons le nom de sa femme, comme aussi la date précise de sa mort.

(1) Archives de famille, n° 41.

CHAPITRE III

Jacques Reynaud, chef de famille.
Marguerite Reynaud, sa femme.
Leur descendance.

I.

Fils aîné de Chaffréd, Jacques Reynaud devenait le chef de la famille par la mort de son père. Dès longtemps avant, son nom figure dans un certain nombre de transactions, ventes ou achats. C'est ainsi qu'en 1662 il se reconnaît débiteur du sieur Agnel pour la somme de cinq doubles et demi Espagne (1), pour fesdes (brebis) à lui achetées. En 1675, quittance lu i est donnée par Jean Arnoux son beau-frère, de la dot de Marie Reynaud sa sœur (2). Il se mariait une première fois avec Marie Agnèle. Devenu veuf, il se remaria, le 19 avril 1674, avec Marguerite Reynaud, du Pont de l'Estrech. Il eut cinq enfants : une fille de son premier mariage, les quatre autres du second lit.

Jacques Reynaud faisait son testament le 19 novembre 1901. Voici les dispositions, principales de ce testament. Nous aimons à les reproduire, car elles sont très édifiantes et nous montrent l'esprit chrétien qui animait nos ancêtres :

Il veut que son enterrement soit fait selon les usages du pays, qu'un second prêtre

---

(1) Archives de famille, n° 7.
(2) Archives de famille, n° 8.

soit appelé à ses funérailles si les chemins sont ouverts... Il veut qu'en outre de la messe d'enterrement une neuvaine de messes soit célébrée au plutôt et que pendant cinq ans un *chantar* soit célébré le jour anniversaire de son décès..., qu'une aumône de pain et de soupe soit faite aux pauvres le jour de ses funérailles, à la dernière messe de la neuvaine et après les chantars faits, pendant les cinq années, le jour anniversaire de son décès... Il laisse deux livres ducales à la Confrérie des Pénitents, cinq livres d'huile pour faire brûler la lampe de l'église paroissiale de Maurin..., deux livres ducales à la chapelle de Saint-Roch..., enfin cent vingt messes à faire dire pour le repos de son âme et de celles de ses parents... Après ces dispositions pieuses, il fait des legs à son fils André et à ses filles et institue Chaffréd Reynaud, son fils aîné, pour son légataire universel. (Archives de famille, nº 35.)

Jacques Reynaud mourait en 1716. Nous ignorons la date de la mort de sa femme.

II.

Descendance de Jacques Reynaud et de Marguerite Reynaud

Marie. — Issue de son premier mariage, se mariait avec Jean Reynaud, de Maurin. Celui-ci donne quittance à son beau-frère, Jacques Reynaud, de la dot de sa femme, Marie, le 6 novembre 1698. Jean Reynaud mourut jeune. En preuve, c'est que sa femme, faisant son testament en 1707, se dit veuve. Elle n'avait pas d'enfants, car, après avoir fait différents legs en faveur de Chaffréd, André, Magdeleine et Rose, ses frères et sœurs, elle institue pour son légataire universel Jacques Reynaud, son père.

Chaffréd. — Nous en parlerons au chapitre suivant.

André. — Né en 1687, nous le trouvons, en 1715, établi à Turin, où il fait le négoce. Il dut se fixer définitivement dans cette ville, s'y marier et y mourir.

Magdeleine. — Née vers 1675, elle se mariait, le 12 avril 1697, avec Antoine Gras, de Tournoux. Ladite Magdeleine avait reçu en dot 38 pistoles, comme il est dit dans l'acte d'arrangement définitif avec son frère Chaffréd survenu le 1er novembre 1710 (1).

Anne. — Elle se mariait, le 11 septembre 1701, avec Esprit Arnaud, de Maurin. Le 21 mai 1702, Jean et Esprit Arnaud, père et fils, ledit Esprit en qualité de mari d'Anne Reynaud, déclarent avoir reçu de Jacques et

---

(1) Archives de famille, n° 44.

Chaffréd Reynaud, père et frère de ladite Anne, la somme de 40 doubles de 15 livres pour complément de dot pour lesdits Reynaud et Marguerite Reynaud, sa mère, (1). Elle était déjà décédée le 30 octobre 1708, jour où son père fait donation de ses biens à Chaffréd Reynaud, son fils (2).

(1) Archives de famille, n° 43.

(2) Archives de famille, n° 47.

CHAPITRE IV

Chaffréd Reynaud, chef de famille.

Magdeleine Garcin, sa femme.

Leur descendance.

I.

C'est celui de nos ancêtres dont la vie fut la plus longue, puisqu'il vécut 95 ans. C'est un de ceux qui honorèrent le plus notre famille par son intelligence et les fonctions honorables qu'il remplit dans son pays. Il naissait en 1678. Voici son acte de naissance, tel que nous le trouvons enregistré dans le *livre de raison* de Jacques Reynaud, son père :

« Le samedy 24 septembre 1678, sur l'heure de midy, entre le huitième et le neuvième de la lune, est né Chaffréd Reynaud, fils de Jacques. Le 27 du mesme mois, a esté baptisé. Son peirin, Jean André ; Marie André, sa femme, meirine. »

Avant d'aller plus loin, disons un mot des *livres de raison*, plusieurs fois déjà nommés dans ce travail.

On donne ce nom à des carnets qui n'étaient, à l'origine, que des modestes livres de comptes, mais qui, avec le temps, devinrent les dépositaires et les gardiens des traditions domestiques.

Peu à peu, en effet, on prit l'habitude d'inscrire sur les pages des *livres de raison* la généalogie des ancêtres, la biographie des parents, les naissances, mariages, décès, les principaux événements survenus dans la famille, les acquisitions de biens, les créances, les derniers conseils donnés aux enfants, etc., etc. Ces *livres de raison* n'étaient pas tous également parfaits ; leur rédaction dépendait beaucoup des situations, des aptitudes, de la culture des rédacteurs, mais c'était toujours le *livre de famille.* Ajoutons qu'il n'était tenu que dans un petit nombre de familles, ordinairement les plus marquantes.

Nous avons eu la bonne fortune de trouver dans les archives de famille deux *livres de raison.* Le premier ne contient presque exclusivement que des notes d'affaires ; le second, rédigé par Chaffréd Reynaud, est très précieux. Son auteur y a inscrit très soigneusement la naissance et le baptême de ses enfants et de ses petits-enfants. Nous en donnons ci-après les titres :

Titre du premier :

« *Livre de raison* de Mestre Jacques

Reynaud, consul de Maurin, membre de Saint-Pol en l'année six cent nonante et huit.

Titre du second :

« *Livre de raison* appartenant à moy, Chaffréd Reynaud, fils de Jacques, de Maurin, habitant à présent à Tournoux, par la grâce de notre Seigneur Jésus-Christ. Ainsi soit-il ! Où j'ai décrit les achats que j'ai faits, les quittances, promesses qui me sont dues, les baptistères des enfants que Dieu m'a donnés et autres mémoires que j'ay mis au dos d'iceluy, contenant quarante feuillets, tous côtés, commençant par 1 et finissant par 40.

» Vive Jésus dedans mon cœur et dans mon âme !

» Fait de ma main propre, à Tournoux, pour me servir à moy, Chaffréd Reynaud, feu Jacques habitant audit lieu et dans la vérité de Jésus-Christ.

» Vive Jésus et Marie et Joseph ! »

C'est très intéressant et tout à la fois très édifiant. Cela dit sur les *livres de raison*, revenons à Chaffréd Reynaud.

Le 27 juin 1700, il passait l'acte de mariage avec Magdeleine Garcine, de Tournoux.

Le 10 juin 1714, il vendait, à Maurin, à Joseph André une maison et domaine, pour le prix de 5,251 livres ducales.

La même année, il achetait à Jean-Jacques Garcin, prêtre, résidant à Busque (Italie), mais originaire de Tournoux, une maison et un domaine. C'est la maison que la famille a habitée depuis et qu'elle habite encore. Pour quelle raison Chaffréd Reynaud quittait-il Maurin pour Tournoux ? Nous l'ignorons, mais on peut supposer que c'était pour avoir un climat déjà moins dur que celui de Maurin et peut-être aussi y avait-il été déterminé par sa femme, qui n'était pas fâchée de retourner dans son pays d'origine,

Voici les principales acquisitions faites par Chaffréd Reynaud, à Tournoux.

En 1716, il achète de Marie Signoret, veuve

Cogordan, du Mélézen, un pré à la montagne de Vars.

En 1719, il achète de Jacques Gras, pour le prix de 264 livres, un pré à la Traverse.

En 1723, il achète de Joseph Arnaud, de Tournoux, deux terres, l'une appelée Longentaliet et l'autre Champ-Grand.

Chaffréd Reynaud mourait en mai 1773 ; le jour n'est pas marqué sur l'acte de décès, que nous avons relevé au greffe de Barcelonnette, registre de Tournoux.

Sa femme, Magdeleine Garcine, tombait malade en mars 1739 et faisait son testament le 23 de ce même mois. Elle mourut peu de temps après.

Le testament de Chaffréd Reynaud est du 16 octobre 1756. Nous ne parlerons pas de ses dispositions testamentaires pour le spirituel ; elles sont à peu près les mêmes que celles de son père, que nous avons résumées au chapitre précédent.

II.

Descendance de Chaffréd Reynaud et de Magdeleine Garcin.

De son mariage avec Magdeleine Garcine naquirent huit enfants. Nous donnons ici la date de leur naissance, tirée du *livre de raison*, et quelques notions sur chacun d'eux.

Jacques. — « Le 4 avril 1702, est né mon fils, Jacques Reynaud. Son parrain a été Jacques-Antoine Garcin ; sa marraine, Honnorade Garcine, de la paroisse de Tournoux.

» Imbert Jacques, curé de Maurin ; son père, moi Chaffréd ; sa mère, Magdeleine Garcine. »

Ce Jacques mourut jeune, et nous n'avons rien à ajouter à son sujet.

Marguerite. — « Le 11 novembre 1704, à Maurin, entre 8 et 10 heures du matin, est née ma fille, Marguerite Reynaud ; a été baptisée, le 12 du mesme mois, par Jacques Imbert, curé de Maurin. Son pairin a esté Jean André ; la mairine, Anne-Marie Garcine, sa femme, tous deux de Maurin. Son père, Chaffréd Reynaud ; sa mère, Magdelène Garcine. »

Marguerite Reynaud se mariait, vers 1725, à Antoine Jaubert, de la Chalanche, hameau de Saint-Pons. Elle mourut le 15 février 1768, à l'âge de de 64 ans. (Registre de l'état civil de Saint-Pons, au greffe de Barcelonnette.)

Magdeleine. — « Le vingt-septièmejour du mois de décembre 1707, entre les 7 et 8 heures du matin, est née ma fille Madelène Reynaude, et a été baptisée, le 28 du mesme mois, par le sieur Jacques Imbert, curé de

Maurin. Son pairin a esté Jean André ; la meirine, Marie André, femme de Sébastien Devars, de Saint-Pol. Son père, Chaffréd Reynaud ; sa mère, Magdelène Garsine. »

Elle mourut à l'âge d'innocence ; nous n'avons donc rien à en dire.

Jacques. — Futur chef de la maison. Nous en parlerons au commencement du chapitre suivant. Nous nous bornons à enregistrer ici son acte de naissance :

« En l'année 1709 et le 21 janvier, à la pointe du jour, sur le onzième de la lune, est né mon fils Jacques. Son parrain a été Antoine Garcin, de la paroisse de Tournoux ; sa marraine, Marie Arnaude, de cette paroisse ; a été baptisé par le sieur Jacques Imbert, curé de Maurin. Chaffréd Reynaud, son père, Magdeleine Garcine, sa mère. »

Catherine. — Née le 3 septembre 1715, fut baptisée, le 4, par Jacques Imbert, curé de Maurin.

Catherine épousait, vers 1732, Siméon Garcin, propriétaire à Tournoux (1). Déjà veuve en 1771, 30 novembre, jour où elle fait son testament, elle fait divers legs à Joseph, Paul et André, ses fils, ainsi qu'à Jacques, un autre de ses fils qui est tailleur à Jausiers. Elle fait un autre legs à sa fille Marie, mariée avec Jean Gras, de Saint-Paul. Enfin elle institue Catherine pour sa légataire universelle.

Marie. — « Le 14 du mois de septembre 1714, est née ma fille Marie. Son peirin a été le sieur Jean-Baptiste Rivier, et la meirine, damoiselle Thérèse Amat, fille du sieur Paul Amat, tous les deux de Saint-Pol, et a esté baptisée, le 16 du mesme mois, par le prieur de Tournoux, Joseph Dépétas. Chaffréd Reynaud, son père ; sa mère, Magdelène Garcine. »

Marie se mariait, vers 1735, avec Jacques Garcin, propriétaire à Tournoux. Le 24 juin

---

(1) Elle recevait en dot 700 livres. (Archives de famillle, n° 38.)

1778, déjà veuve, elle fait son testament au Planet de Jausiers. Dans ce testament, elle fait des legs à son fils Joseph, maréchal ferrant à Saint-Paul, à Catherine, sa fille, veuve de Paul Faure, de Saint-Paul, à Anne, Angélique et Marie, ses trois autres filles non encore mariées. Enfin elle institue pour son légataire universel Paul Garcin.

Jacques Garcin habitait la maison actuelle de la famille Berlie. Ce testament nous a été communiqué par M. Gédéon Berlie.

Joseph. — « Du 19 septembre 1718, est né mon fils Joseph, sur le deuxième de la lune, et a esté baptisé par le sieur Joseph Dépétas, prieur de Tournoux. Son pairin a esté le sieur Joseph Imbert, et sa meirine, Mademoiselle Anne-Marie Garcine, sa femme. Chaffréd Reynaud, son père; Magdelène Garcine, sa mère. »

Nous savons par le testament de son père, fait en 1756, que ce Joseph était tailleur d'habits. A cette date, il n'était pas marié.

Son père lui laisse l'usage d'une chambre tant qu'il restera garçon, avec 550 livres. Il n'a jamais dû se marier et mourut en 1774 ou 1775.

Anne. — « Du 9 may 1721, est née ma fille Anne, sur le quatorzième de la lune, au lever du soleil ; a esté baptisée par le sieur Joseph Dépétas, prieur de la paroisse de Tournoux. Son peirin, maître Pierre Garcin ; sa meirine, Marie Imbert, sa femme. Chaffréd Reynaud, son père ; sa mère, Magdeleine Garcine. »

Anne se mariait avec Jean-Baptiste Esmenjaud, propriétaire à la Chalanche, hameau de Saint-Pons. L'état civil de cette commune étant incomplet, nous ignorons la date de sa mort.

CHAPITRE V

Jacques Reynaud, chef de la famille.
Jeanne Isoard, de Saint-Ours.
Leur descendance.

I.

Nous l'avons dit dans le chapitre précédent, Jacques Reynaud naissait le 21 janvier 1719. Nous le considérons comme chef de la maison depuis son mariage, quoique son père vécût encore, puisque même il lui survécut. Le

4 juillet 1728, il était fiancé avec Jeanne Isoard, de Saint-Ours, avec laquelle il se mariait peu après. Sa femme lui apportait une dot de 1,055 livres

Nous n'avons rien de particulier à enregistrer sur Jacques Reynaud. Il travailla et dirigea les affaires avec son père.

Jacques Reynaud mourut tragiquement, en 1771, d'une chute de cheval, en allant ou en retournant de Saint-Paul, où il devait s'être rendu pour faire une visite à une de ses filles qui y était mariée. Je n'ai pu déterminer l'endroit précis où il avait trouvé la mort. Parmi les anciens du pays que nous avons interrogés à ce sujet, les uns nous ont dit avoir entendu raconter par leurs parents que l'accident s'était produit à l'endroit nommé Casson; d'autres, au pas du Faure; d'autres encore, à la Reissolle. Vers le milieu du XIXe siècle, on voyait une croix à Casson, et une autre à la Reissolle. N'est-ce pas à un de ces deux endroits que notre aïeul avait trouvé la mort? Nous le croyons. Mais auquel des deux? C'est ce que nous n'avons pu fixer. Quoi qu'il en soit, cette mort portait quelque perturbation dans la famille, pour sa succession, parce qu'il était mort *ab intestat.*

Jeanne Isoard, sa femme, faisait son testament le 25 avril 1770 et mourait le 9 mai de la même année, à l'âge de 63 ans. (Greffe de Barcelonnette.)

Dans son testament, elle charge son héritier universel de faire pour son enterrement comme c'est la coutume du pays, de faire dire une neuvaine et trois trentenaires de messes pendant l'année qui suivra son décès. Elle veut qu'une aumône de deux setiers de seigle soit faite aux pauvres, le jour de la dernière messe de la neuvaine et à la messe d'anniversaire. Passant ensuite à ses dispositions temporelles, elle laisse à sa fille Isabeau, mariée avec Etienne Gras, de Saint-Paul, 50 livres ; à ses autres filles, Marguerite et Marie, 200 livres, payables le jour où elles convoleront en noces légitimes. Enfin, elle institue André, son fils, son légataire universel.

II.

Descendance de Jacques Reynaud et de Jeanne Isoard.

De cette union naquirent dix enfants, qui furent enregistrés avec soin par leur grand-père, Chaffréd, dans son *livre de raison*. Nous reproduisons textuellement ces actes de naissance et de baptême.

Isabeau. — « Du 24 janvier 1732, sur les dix heures du soir, est née ma fellene (petite-fille) Isabeau Reynaud, fille à Jacques Reynaud, sa mère, Jeanne Isoard, et a été baptisée par le sieur Barthélemy Nicolas, curé de notre paroisse de Tournoux. Son peirin a esté Jean Isoard ; sa femme, Isabeau Proale, sa meirine.

» NICOLAS, curé. — CHAFFRÉD REYNAUD. »

Isabeau se mariait, en février 1753, avec Etienne Gras, de Saint-Paul. Le contrat est du 25 février 1753. Elle recevait en dot 669 livres roy et héritait, à la mort de son père, de 999 livres roy dix-neuf sols. (Archives familiales, n° 46.) Elle ne dut pas avoir d'enfants, car nous n'avons jamais entendu dire avoir eu, à Saint-Paul, des parents portant le nom de Gras.

Marguerite. — « Le 4 avril 1734, est née ma fellene Marguerite Reynaud, fille à mon fils Jacques. Son peirin a esté Antoine Jaubert, de la Chalanche, et Marguerite Reynaud, sa femme, meirine ; laquelle a esté baptisée par le sieur Nicolas, curé de notre paroisse de Tournoux.

» CHAFFRÉD REYNAUD. »

Marguerite ne se maria jamais, car, le 8 juillet 1785, elle donne à sa nièce, Rose Reynaud, qui se marie avec François Signoret, de Saint-Paul, 100 livres qui ne lui seront payées qu'après sa mort par ses héritiers. Elle mourut en 1791 ou 1792, car, le 2 février 1794, Isabeau Reynaud, veuve d'Etienne Gras, et Marie-Magdeleine, femme de Pierre Manuel, de l'Aupillon, réclament à André, leur frère, leur part de l'héritage de leur sœur Marguerite. (Archives familiales, n° 43.)

André. — « Le 6 février 1736, est né mon fellen André Reynaud, fils à Jacques, sur le vingt-quatrième de la lune. Son peirin a esté Pierre Isoard ; sa meirine, Anne Reynaud ; a été baptisé, le même jour, par notre curé, Barthélemy Nicolas.

» JACQUES REYNAUD, son père ;
JEANNE ISOARD, sa mère ;
CHAFFRÉD REYNAUD, son grand-père. »

Nous parlerons d'André dans le chapitre suivant.

Magdeleine. — « Le 1er mai 1738, est née

ma fellene Magdeleine, fille à mon fils Jacques et de Jeanne Isoard, sur les 5 heures du soir et le quatorzième de la lune ; a esté baptisée par messire Nicolas, notre curé. Son peirin a esté Estienne Plauchu ; sa meirine, Marguerite Garcin.

» CHAFFRÉD REYNAUD, son grand-père,
NICOLAS, curé de Tournoux. »

Elle se maria, à une date que nous ignorons, avec Pierre Manuel, de l'Aupillon ; décédée dans cette paroisse, le 3 août 1818.

Sébastien. — « Du 20 janvier 1740, est né mon fellen Sébastien, sur le vingt et unième de la lune, fils à Jacques et à Jeanne Isoard. A esté baptisé, le 21 du même mois, par messire Barthélemy Nicolas, curé de Tournoux. Son peirin a été Sébastien Isoard, et sa meirine, Marie Meyranne, du Plan de Saint-Ours.

» Son grand-père, CHAFFRÉD REYNAUD. »

Sébastien mourut à l'âge d'innocence.

Jean-Baptiste. — « Du 26 may 1742, est né mon fellen Jean-Baptiste, à la pointe du jour, sur le douzième de la lune, fils à Jacques et à Jeanne Isoard. Le mesme jour, a été baptisé par le sieur Joseph Fournier, nostre prieur de Tournoux. Son peirin a esté Jean-Baptiste Garcin ; sa meirine, Rose, de Bologne, sa femme.

« CHAFFRÉD REYNAUD, son grand-père. »

Jean-Baptiste Reynaud mourut jeune ; nous n'avons donc rien à en dire.

Marie. — « Du 7 mars 1774, est née ma fellene Marie Reynaude, sur les 6 heures du matin et le vingt-troisième de la lune ; a esté baptisée le même jour. Son peirin a esté Jacques Garcin, son oncle, et sa meirine, Marie Reynaud, sa femme.

» LOUIS JAUME, prieur, curé de Tournoux ;
CHAFFRÉD REYNAUD, son grand-père ;
JACQUES, son père ; JEANNE ISOARD, sa mère. »

Marie n'était pas mariée en 1770. Se maria-t-elle depuis ? Nous n'en savons rien. Nous ignorons aussi la date de sa mort.

Anne. — « Du 10 décembre 1745, est née ma fellene Anne Reynaud, fille à Jacques et à Jeanne Isoard ; a esté baptisée par Louis Jaume, curé de Tournoux. Son peirin a esté Jean-Baptiste Esmenjaud, de la paroisse de Saint-Pons ; sa meirine, Anne Reynaud, sa femme.

» CHAFFRÉD RAYNAUD. »

Anne mourut jeune ; nous n'avons donc rien à ajouter à son sujet.

Jacques. — « Du 8 novembre 1747, est né mon fils Jacques et a esté baptisé par messire Pautrier, prieur de Tournoux. Son parin a esté Siméon Garcin, et sa marrine, Catherine Reynaud, sa femme.

» JACQUES REYNAUD, son père. »

Celui-là aussi mourut dans l'âge d'innocence.

Jacques. — « Du 27 juillet 1753, est né mon fils Jacques Reynaud ; a été baptisé par messire Joseph Derbez, prieur de nostre paroisse de Tournoux. Son peirin a esté Antoine Garcin, consul ; sa meirine, Catherine Arnoux, sa femme.

« JACQUES REYNAUD ; CHAFFRÉD
REYNAUD, son grand-père. »

Ce dernier de cette famille mourait, lui aussi, jeune, le 16 août 1764, à l'âge de 15 ans. (Archives de Saint-Paul, registre de Tournoux.)

Ainsi, des dix enfants de Jacques Reynaud et de Jeanne Isoard, trois ou quatre à peine avaient survécu ; tous les autres moururent jeunes. Le registre de la paroisse de Tournoux de cette époque ayant disparu, il ne m'a pas été possible d'indiquer la date précise de la mort de chacun d'eux.

CHAPITRE VI

André Reynaud, chef de famille.
Anne Garcin, sa femme.
Leur descendance.

I.

Né le 6 février 1736, André Reynaud devenait le chef de la famille, en 1772, par suite de la mort de son père. Nous ne connaissons rien d'intéressant de lui ; il travailla, éleva ses enfants en tout honneur et tranquillité. Le 31 mai 1758, il se fiançait avec Anne Garcin, de Tournoux, fille de Jean-Baptiste et de Rose de Bologne, de la même famille, d'où sortira ma mère et qui a présentement pour chef Jules Garcin.

Dot d'Anne Garcin : 1200 livres. — Archives familiales, nº 28.

André Reynaud mourait le 10 mai 1797. Nous ne connaissons pas la date de la mort de sa femme, mais nous croyons qu'elle dut le précéder dans le tombeau.

André donne à sa future épouse une croix, une bague et les habits nuptiaux, le tout évalué à 46 livres.

II.

Descendance d'André Reynaud et d'Anne Garcin.

De leur union naquirent six enfants, à savoir :

1° **Rose.** — Née en 1764. Elle passait contrat de mariage, le 7 juillet 1785, avec Jean-François Signoret, de Saint-Paul. Elle recevait en dot 1,400 livres de son père, 200 de sa mère et 100 de sa tante, Marguerite Reynaud, au total 1,700 livres.

La famille a disparu de Saint-Paul. Il ne reste d'elle qu'un jeune homme d'une trentaine d'années, négociant au Mexique, et deux filles plus âgées, fixées à Barcelonnette.

Rose Reynaud est décédée à Saint-Paul, le 16 mars 1831.

2° **Magdeleine.** — Née le 19 février 1767. Elle se mariait, en juin 1788, avec Antoine Signoret, de Tournoux. Elle avait reçu en dot, pour ses droits paternels et maternels, 1,500 francs, plus 135 francs de Marguerite Reynaud, sa tante. Elle mourait à Tournoux, le 16 décembre 1813, à peine âgée de 45 ans. C'est l'origine de notre parenté avec Jean-Baptiste, Antoine et Léon Signoret, ses petits-fils, dont il me plaît de resumer la carrière, qui renferme une grande leçon dont pourront profiter les jeunes gens qui liront cette page de notre travail.

Les frères Signoret travaillaient le domaine paternel, sans espoir d'un grand avenir, lorsqu'un jour une pensée d'ambition, bien légitime d'ailleurs, vint hanter l'esprit du second des fils, Antoine. On parlait de grandes fortunes réalisées au Mexique par quelques-uns des enfants de la vallée; il voulut tenter, lui aussi, de faire fortune. A cette fin, il partait, en 1868, pour le Mexique et entrait comme employé dans la maison Gassier, où son frère Léon vint le rejoindre en 1874. Intelligents, laborieux, observateurs, ils s'initièrent aux affaires. Ils sortaient de la Maison Gassier en 1880, pour fonder une autre maison connue sous la raison sociale : *El Puerto de Vera-Crux.* Dirigée avec intelligence, cette maison prospéra et devint bientôt une des premières de Mexico. C'est là qu'Antoine et Léon firent une fortune évaluée, pour l'un et pour l'autre, à plusieurs millions. Entre temps, ils avaient appelé leur frère aîné, Jean-Baptiste, qui retournait au pays quelques années après. Mais, contrairement à ce qu'avaient espéré ses frères, il ne s'y fixa pas. S'étant marié avec Mlle Marie Allègre, il acheta une villa très agréable au bas de Barcelonnette et s'y fixa. Il est mort en 1911, laissant cinq enfants.

Son frère Antoine rentrait en France en

1891 et se mariait avec Mlle Athénaïs Reynaud, sa nièce, le 8 août 1892. Peu de temps après, il achetait, en amont de la ville de Barcelonnette, une superbe propriété qu'il a fait encore embellir et qui est incontestablement tout ce qu'il y a de plus beau et de plus agréable dans la vallée entière. On ne peut rien souhaiter de mieux comme résidence d'été. C'est là qu'il passe une grande partie de l'année, s'en allant à Nice ou à Paris pendant l'hiver.

Ce travail allait être livré à l'imprimeur lorsque m'arriva de Paris la douloureuse nouvelle de la mort d'Antoine Signoret, enlevé subitement à l'affection des siens, le 13 octobre 1913. Cette mort m'a été très sensible, car j'avais en lui un bon parent et l'ami le plus dévoué. Ses funérailles ont eu lieu à Barcelonnette, le 18, au milieu d'un grand concours de parents et d'amis venus de toute la vallée pour lui rendre les derniers devoirs. J'ai eu la suprême consolation de l'accompagner à sa dernière demeure.

Je dois à sa mémoire de faire connaître un acte de générosité chrétienne qui l'honore grandement devant les hommes et qui lui aura fait trouver grâce devant Dieu. Moins de quinze jours avant sa mort, il souscrivait la somme de 50,000 francs pour la construction de la nouvelle église de Barcelonnette. Rien ne prouve mieux sa générosité et les sentiments chrétiens dout il était animé.

Quant à Léon, l'amour, — j'allais dire la passion des affaires, — l'a retenu jusqu'à présent loin de son pays, où, avec un peu plus de sagesse, il pourrait vivre tranquille et heureux.

Très attachés à leur pays natal, les frères Signoret ont voulu lui faire du bien ; ils l'ont doté d'une belle horloge et, avec le concours d'autres américains, ils ont amené les eaux de la Font-Grand à la cime du pays, ce qui est un grand bienfait pour les habitants de la partie haute du village.

Les modestes travailleurs qu'étaient leurs ancêtres auraient-ils jamais pu prévoir que leurs petits-fils seraient plusieurs fois millionnaires? S'ils sont arrivés à réaliser de si belles fortunes, c'est à leur intelligence, à leur travail, à leur économie qu'ils le doivent; ils furent les artisans de leur fortune et un bel exemple de ce que peut faire un jeune homme laborieux, économe et rangé.

Nous ne regrettons qu'une chose, c'est qu'aucun des fils Signoret ne soit resté à la maison paternelle, pour y continuer la lignée des aïeux.

3o **Catherine.** — Née le 8 janvier 1774; se mariait, en 1797, avec André Thomé, de Certamussat. Elle tombait malade en 1799 et faisait son testament, laissant une partie de sa dot à son mari et l'autre partie à ses héritiers naturels. Elle mourut des suites de cette maladie.

4o **Jacques.** — Né en 1769, futur chef de la famille. Nous en parlerons au chapitre suivant.

5° **Jean-Baptiste.** — Né en 1771 ou 1772. Il était enrôlé, en 1792, dans les armées de la République. Rentré dans son pays, son service terminé, il alla se fixer à Lyon, où il fit du commerce. Il mourait en 1830.

CHAPITRE VII

Jacques Reynaud, chef de la famille,
et Suzanne Garcin, sa femme.
Leur descendance.

I.

Il y a dans l'histoire des familles, comme dans celle des peuples, des heures bien douloureuses. Notre famille a subi, à cet égard, la loi générale ; elle a connu les revers et les épreuves. Je n'enregistre ici que les deux qui ont atteint les chefs de la famille. La première grande épreuve fut la mort tragique, en 1771, de Jacques Reynaud, que nous avons racontée dans un précédent chapitre. On comprend ce qu'une mort survenue dans ces conditions dut être douloureuse pour les siens. C'est une autre épreuve non moins cruelle que j'ai à mentionner dans ce chapitre, en faisant la biographie d'un autre Jacques Reynaud, le petit-fils du précédent.

Il naissait en 1769 ; son grand-père l'avait donc connu, et, en caressant ce petit enfant, il saluait en lui le futur chef de la famille Reynaud.

Par la mort de son père, André, survenue, comme nous l'avons dit plus haut, le 2 mai 1797, Jacques Reynaud devenait le chef de la famille. Il s'était marié, en 1793, en pleine période révolutionnaire, avec Suzanne Garcin, de Tournoux, de la maison du commandant, représentée aujourd'hui par un tout jeune homme de 14 ans, Pierre Garcin.

Tout faisait espérer pour la maison une ère de prospérité et de bonheur, lorsque, le 24 juillet 1802, Jacques Reynaud était frappé en pleine jeunesse par une mort soudaine, à 33 ans, laissant une jeune veuve avec deux enfants, dont l'aîné n'avait pas 4 ans. C'était une catastrophe. Qu'allait devenir cette jeune femme, avec ses deux petits enfants ? Comment ferait-elle face aux difficultés sans nombre en présence desquelles elle allait se trouver ?

Heureusement, c'était une femme d'énergie et de caractère, en même temps qu'une femme de foi. Après avoir pleuré, elle se releva avec courage et confiance en Dieu. Elle réfléchit qu'elle avait à remplir une grande mission, et elle se mit vaillamment à l'œuvre. Femme, elle travailla comme un homme ; elle se mit même aux travaux les plus pénibles et veilla sur les intérêts de ses enfants. Grâce à son intelligence et à son énergie, la maison ne périclita pas, et lorsque son fils, arrivé à l'âge d'homme, prit les rênes des affaires, la situation de la maison était excellente.

Nous l'avons connue cette admirable femme ; nous la voyons encore, pendant les soirées d'hiver, agenouillée à côté du pilier de l'écurie, récitant de longues prières et égrenant son chapelet. C'est sur ses genoux, aussi bien que sur ceux de ma mère, que j'ai commencé à balbutier mes premières prières, et il en est une toute particulière qui, malgré les années, est restée profondément gravée dans ma mémoire. Elle est en patois du pays, et je suis persuadé que ses arrière-petits-enfants la liront avec intérêt, sinon avec émotion. Elle est adressée à saint Antoine. La voici :

> San Antoni, l'ami de Diou, lou contrari dou demoni, gardas-nous ben de fuech, de flama, de mourt subitana, d'aiga courenta, de rouchia pendenta. Puissança dou Seignour, garda-nous contre tout malur. Lumiera de Diou, illumina-nous. Gratia dou San Esprit, adjua-nous.

Cette bonne grand'mère mourait le 23 septembre 1852, à l'âge de 80 ans, ayant porté en tout honneur son veuvage de cinquante ans. Lorsque le vénérable curé Signoret vint lui administrer les derniers sacrements, je me trouvais dans sa chambre, et cette scène religieuse et impressionante, dont tout jeune enfant je fut témoin, est restée vivante dans mon souvenir, comme au premier jour.

II.

Descendance de Jacques Reynaud et de Suzanne Garcin [1].

1° **Anne**. — Fut le premier enfant issu du mariage de Jacques Reynaud et de Suzanne

---

(1) Une sœur de ma grand'mère paternelle avait épousé Joseph Héliozt de Sérennes; une autre, André Clare; une troisième, Joseph Coltier, de la Condamine. C'est de là que vient notre parenté avec ces familles.

Garcin. Née le 7 février 1795, elle mourait le 25 mai 1799. (Archives de Saint-Paul.)

2o **Rosalie.** — Née en 1798, se mariait, le 17 février 1819, avec Joseph Garcin, de Tournoux, maison du Fra. Elle est décédée le 10 janvier 1859, à l'âge de 60 ans.

3o **Jacques-André.** — Né le 3 mai 1799, chef de famille. (Voir l'article suivant.)

CHAPITRE VIII

Jaques-André Reynaud, chef de la famille.
Anne Garcin, sa femme.
Leur descendance.

I.

Il n'est plus question, dans ce chapitre, de parler de mes aïeux séparés de nous par de longues années ou même des siècles. C'est la vie de mon cher père et de mon excellente mère que je veux retracer dans ces pages. Je le ferai brièvement, me bornant à en reproduire les grandes lignes.

Comme il a été dit au chapitre précédent, mon père naissait le 3 mai 1799 (1) et devenait orphelin à 3 ans. Son enfance dut être dure. Sa mère le mit sans doute de très bonne heure au travail ; il le fallait bien tant elle avait besoin d'être secondée. C'est dans ce dur apprentissage de la vie qu'il arriva à l'âge d'homme et songea à fonder une famille. Il jeta les yeux sur une jeune fille du pays, Anne Garcin, de la même maison d'où était sortie sa grand'mère. Anne Garcin était née le 28 novembre 1808. Le mariage se fit le 22 novembre 1826.

Que dire de l'existence de mes parents ? Les peuples heureux, a-t-on écrit, n'ont pas d'histoire ; toute l'histoire de mon père et de ma mère peut se résumer en deux mots : travail et éducation des enfants.

---

(1) Etat civil de Saint-Paul.

Mon père était bon ; il ne me souvient pas d'avoir jamais reçu une taloche, quelquefois bien méritée ; en tous cas, elle aurait été si légère que je n'en ai gardé ni trace, ni souvenir. Il était d'un caractère plutôt gai. Déjà âgé, assis au coin du feu, il aimait à fredonner de petites chansonnettes, réminiscence des lointaines années de sa jeunesse.

Ma mère était une femme de piété profonde et de grande vertu. Laborieuse, rangée et d'une sévère économie, l'hiver elle filait le chanvre et la laine pour faire le linge et les vêtements à l'usage de la famille. De ce temps-là, on ne connaissait pas ce luxe ruineux de la toilette et de la table ; on ne s'en portait pas plus mal, et on bouclait plus facilement le budget familial.

Grâce à une direction intelligente des affaires, jointe à une sage économie, la situation financière de la maison était des plus prospères. C'était plus que l'aisance, lorsque cette situation se trouva tout à coup changée par suite d'une catastrophe.

Le 14 août 1845, alors que toute la famille se trouvait réunie au Mélézen, au lendemain du mariage de ma sœur aînée (pour moi, âgé de moins d'un an, j'avais été confié par mes parents aux soins d'une voisine), la main criminelle d'une femme mettait le feu à la maison, en jetant un tison enflammé dans la grange remplie à cette saison de gerbes et de foin. En un instant, la maison entière n'était plus qu'un brasier, et, quelques heures après, il ne restait du bâtiment, des meubles et du linge qu'un amas de cendres et de décombres; rien n'avait pu être sauvé.

Avertis par un courrier du malheur qui les frappait, mon père et ma mère, suivis de la plupart des invités, partaient en toute hâte, l'âme angoissée moins par les pertes matérielles causées par l'incendie que par la crainte que je n'eusse péri dans les flammes. Devinant leur angoisse, la voisine à qui j'avais été confié s'était empressée d'aller à leur rencontre, m'emmenant avec elle afin de les rassurer. En me voyant, mes parents s'arrêtèrent, et mon père, me prenant dans ses bras, ne dit, en m'embrassant, que ces seules paroles : « Grâce à Dieu, mon enfant est sauvé ; le reste s'arrangera. »

En effet, tout s'arrangea ; mais, pour réparer le désastre de l'incendie, il en coûta à mes parents de quinze à vingt mille francs.

Quand, plus tard, mon père et ma mère parlaient à leurs enfants de cette journée tragique et des souffrances qui l'avaient suivie, ils ne pouvaient retenir leurs larmes.

Mon père mourait le 3 mai 1860, à l'âge de 61 ans, laissant sept enfants, dont quatre étaient encore mineurs. Avec une main moins ferme que celle de ma mère, ses trois garçons, âgés respectivement de 19, 16 et 14 ans, auraient pu s'émanciper un peu, mais elle ne transigeait pas avec le devoir et elle sut toujours se faire obéir.

Quand je fus ordonné prêtre, elle venait de temps en temps passer quelques mois avec moi et je caressais l'espoir de la garder toujours dans mon presbytère et de rendre plus douces les dernières années, de son existence. Combien j'eusse été heureux, si mes espérances s'étaient réalisées! Hélas! cette joie devait m'être refusée. Cette chère mère s'éteignait doucement dans la nuit du 19 au 20 mai 1873, à l'âge de 65 ans. Que Dieu bénisse et récompense ces chers parents, pour tous les soins qu'ils ont prodigués à leurs enfants et la bonne éducation qu'ils leur ont donnée!

Descendance de Jacques-André Reynaud et d'Anne Garcin.

Des neuf enfants que Dieu leur donna, deux garçons, Jean-Baptiste et Firmin, passèrent à une meilleure vie, le premier à l'âge de

5 ans, le second âgé de 1 an. Jacques-André Reynaud et Anne Garcin laissaient donc, à leur mort, sept enfants, quatre filles et trois garçons. Nous résumerons brièvement leur vie et ferons connaître la situation des familles qu'ils ont fondées.

1° **Suzanne**. — L'aînée naissait le 8 octobre 1827. Elle se mariait avec Paul Chaurand, du Mélézen, hameau des Molles, le 13 août 1845.

De ce mariage sont nés :

A. *Rosalie.* — Née le 15 avril 1852, mariée avec Joseph Signoret, de Tournoux, le 24 juillet 1872. Il lui reste deux enfants : *a)* Léontine, née en 1879, le 27 juin, mariée à Jules Garcin, de Tournoux, le 26 mai 1909. Ils ont deux fillettes, Jeanne, née le 14 mars 1910, et Denyse, le 12 novembre 1912. Ce qui me fait deux fois arrière-grand-oncle. *b)* Désiré, né le 5 février 1882, qui reste à la maison.

B. *Paul.* — Né au Mélézen, le 22 janvier 1855, marié à Mathilde Garcin, de Tournoux, le 2 septembre 1891. Décédé, le 12 octobre 1893, à Tépic (Mexique), où il faisait le commerce.

Des deux enfants nés de son mariage avec Mathilde, Paul, l'aîné, est mort à Barcelonnette en 1911, à l'âge de 19 ans, Mathilde, âgée aujourd'hui de 19 ans, habite cette ville, avec sa mère.

C. *Magdeleine.* — Née au Mélézen, le 30 juin 1857, marié avec Chaussegros Flavien, de la Javie, le 10 août 1887, habite ce pays. Ils ont trois garçons : l'aîné, Jules, né le 20 mai 1888, se trouve actuellement avec ses parents ; Paul, né le 16 août 1889, est étudiant en médecine ; Bernard, né 1er juin 1891, fait du commerce au Mexique.

D. *Suzanne.* — Née le 20 août 1861, ne s'est jamais mariée et habite Barcelonnette.

E. *André.* — — Né le 6 mars 1867 ; marié

le 12 janvier 1898, avec Ursule Payot, aujourd'hui négociant à Tépic (Mexique).

Il ont quatre enfants : Henry, né le 3 janvier 1901 ; Jean, le 12 avril 1902 ; André, le 13 décembre 1903 ; Albert, le 22 juillet 1910.

Suzanne Reynaud mourait le 14 janvier 1886. Son mari l'avait précédee dans la tombe. Il avait succombé, le 4 juillet 1876, à la suite d'une chute faite dans le torrent de Peire-Vache, le 29 juin, en revenant de Saint Paul, où il avait été dîner à l'occasion de la fête patronale.

2° **Jeanne.** — La seconde de mes sœurs naissait le 4 octobre 1832 et se mariait avec Jean Signoret, des Prats de Saint-Paul, le 9 décembre 1857. C'était une femme de grand mérite, de haute vertu et d'une piété profonde. Sa vie se partagea entre le travail, la piété et l'éducation de ses enfants. Elle présidait à tout avec une inlassable activité et une amabilité parfaite. Malgré ses multiples occupations, elle trouvait le temps de réciter, tous les jours, son chapelet et, si le temps lui avait manqué pendant le jour, elle s'acquittait de ce pieux devoir, le soir, après la priè e de famille. Le dimanche venu, on la voyait partir, dès la première heure du jour, pour Saint-Paul, afin d'y entendre la messe et faire ses dévotions. Rien n'était capable de l'arrêter, ni la distance, ni la neige, ni le froid, pas même les infirmités !

Femme admirable, elle a laissé à ses enfants l'exemple d'une vie toute de labeur, de piété et de vertu. Puissent-ils marcher toujours dans la voie qu'elle leur a montrée !

Les épreuves ne lui manquèrent pas. La plus douloureuse fut la perte de plusieurs de ses enfants, moissonnés par la mort, en pleine jeunesse. Mais elle puisa dans sa foi cette résignation et cette force d'âme que donne l'espérance chrétienne. Pleine de mérites et de vertus, elle rendait sa belle âme à Dieu le 14 septembre 1904.

Son mari l'avait précédée dans la tombe ; il mourait le 4 avril 1901. C'était un homme bon et laborieux, plein de droiture et de loyauté.

De ce mariage naquirent de nombreux enfants. Nous ne parlerons pas de ceux qui sont passés à une meilleure vie, mais nous dirons quelques mots de ceux qui ont survécu à leurs parents.

A. *Joseph.* — Né le 10 octobre 1858 ; marié avec Caroline Lacouture, le 15 avril 1888.

Par son intelligence des affaires, son inlassable activité, sa droiture dans ses transactions, Joseph Signoret a fait, à Mexico, dans l'importante maison du Palais de Fer, une fort belle fortune. Il est actuellement en France et fixé à Paris. On lui souhaiterait un peu moins de fièvre des affaires et un peu plus de calme, afin de jouir en paix du fruit de son travail.

Ils ont deux enfants :

Jean Signoret, né au Mexique, le 20 septembre 1891, qui fait en ce moment son service militaire ; Joséphine, née à Chihuaha, le 25 février 1889, qui demeure avec ses parents.

B. *Suzanne.* — Née le 29 décembre 1863 ;

mariée avec Séverin Jacques, de Changrandés, le 12 septembre 1894. Retirés du Mexique, ils ont acheté, à Saint-Paul, une maison qu'ils habitent pendant l'été ; ils passent leurs hivers à Aix.

Ils ont trois filles :

Jeanne, née le 17 mai 1896 ; Denyse, le 9 octobre 1900 ; Marie-Antoinette, le 5 septembre 1902.

C. *Marie.* — Née le 26 juillet 1874 ; mariée, aux Prats de Saint-Paul, avec Joseph Imbert, le 13 décembre 1899.

De ce mariage sont nés trois enfants :

Marie, née le 20 décembre 1900 ; Joseph, le 18 mars 1904 ; Adolphe, le 7 juin 1906.

Joseph Imbert est mort le 12 mars 1913, laissant après lui une mémoire vénérée, emportant l'estime universelle que lui méritaient sa bonté et sa droiture.

D. *Jean.* — Né le 31 mai 1870, habite

les Prats ; marié, le 12 septembre 1894, avec Joséphine Jacques, de Changrandès.

Ils ont aujourd'hui huit enfants :

Joséphine, née le 26 mai 1897 ; Mathilde, le 16 août 1898 ; Jeanne-Marie, le 17 octobre 1900 ; Jean-Adrien, le 13 octobre 1902 ; Louis-Paul, le 25 juin 1905 ; Henri, le 29 septembre 1907 ; Hélène, le 12 novembre 1909 ; Albert, le 17 octobre 1911.

E. *Joséphine.* — Née le 5 mars 1876 ; mariée avec Albert Pélissier, propriétaire à Allos et greffier du juge de paix, le 10 octobre 1906. En 1913, Albert Pélissier a vendu son greffe d'Allos et en a acheté un autre à Aix-en-Provence, où il est maintenant fixé.

Ils ont trois enfants :

Fernand, né le 8 octobre 1909 ; Marcel, le 19 mai 1910 ; Jeanne, le 26 janvier 1913.

3o **Anne.** — Née le 31 janvier 1838 ; mariée à Joseph Vallansan, de la Condamine, le 11 mai 1864.

De ce mariage naquirent plusieurs enfants dont deux seulement ont survécu. Ce sont :

A. *Adolphe.* — Né le 1er décembre 1866 ; marié avec Séraphie Brun, de la Lauze de Saint-Pons, le 24 avril 1889.

Ils ont quatre enfants :

Ernest, né le 2 septembre 1891 ; Albert, né le 24 octobre 1893, Séraphin, né le 11 novembre 1895 ; Louise, née le 17 mai 1898.

B. *Félicie.* — Née le 6 janvier 1874 ; mariée, le 10 mai 1893, avec Casimir Spitalier, des Gleisolles, entrepreneur de travaux publics.

Ils ont six enfants :

Edmond, né le 24 décembre 1895 ; Adolphe, le 10 novembre 1896 ; Adrienne, né le 7 juillet 1899 ; Charles, le 9 février 1902 : Germaine, le 31 octobre 1903 ; Joseph, le 14 septembre 1904.

La famille habite Digne, avenue Paul-Martin.

Anne Reynaud mourait prématurément le 25 janvier 1876, à peine âgée de 38 ans. Son tempérament un peu délicat n'avait pu résister à des fatigues excessives. C'était un grand malheur pour cette famille et surtout pour ses enfants en bas âge, qui avaient si grand besoin encore des soins affectueux et des conseils de leur mère.

Son mari, Joseph Vallansan, mourait le 20 août 1888.

4o **Chaffréd.** — Chef de famille. Né le 13 juillet 1840. (Voir au commencement du chapitre suivant.)

5o **Adrien.** — L'auteur de ce livre de famille, né le 17 août 1844. Mes parents crurent voir en moi quelques aptitudes pour l'étude. Ils m'envoyèrent donc étudier au collège de Barcelonnette. Je fis des classes telles quelles, car, de ce temps-là, les études étaient fort mal organisées dans ce collège. En 1864, j'entrais au Grand Séminaire de Digne, où j'étais ordonné prêtre le 29 juin 1869.

Voici les divers postes que j'ai occupés :

Vicaire à Valensole, d'octobre 1869 à octobre 1871.

Vicaire à Barcelonnette, d'octobre 1871 à juin 1883.

Directeur au Petit Séminaire de Digne, de juin 1883 à décembre 1887.

Curé doyen de Volonne, de décembre 1887 à mai 1894.

Curé doyen des Mées, de mai 1894 à mai 1898.

Chanoine honoraire et curé de Sisteron, de mai 1898 à mars 1905.

Chanoine titulaire en 1904.

J'ai été nommé curé archiprêtre de la Cathédrale de Digne, le 25 mars 1905.

Vicaire général, en 1912.

Il me sera permis de l'ajouter, c'est à la bienveillance des évêques de Digne, plus encore qu'à mon travail et à mes études, que je suis redevable d'avoir été mis à la tête de la première paroisse du diocèse. Si je m'en réjouis, c'est surtout pour l'honneur qui en rejaillit sur ma famille, car, par tempérament et par goût, j'eusse préféré une paroisse moins importante et moins en vue.

J'ai fait paraître quelques brochures :

Une étude sur les *Vocations sacerdotales*, qui a paru dans la *Semaine religieuse*, en 1886.

Une relation de la *Mission de Sisteron*, février 1900.

Une relation de la *Mission* prêchée à la Cathédrale, du 14 mars au 11 avril 1909.

La *Monographie du couvent des Trinitaires de Faucon*, février 1913.

Le *Panégyrique de Saint-Jean de Matha*, prêché, à Faucon, à l'occasion des fêtes du VIIe centenaire de sa mort, 13, 14 et 15 juin 1913, devant plusieurs évêques et un auditoire de plusieurs milliers de personnes.

Divers articles parus dans la *Semaine religieuse*.

6o **Paul.** — Né le 30 août 1846, il partit en 1869 pour le Mexique. Esprit aventureux, il alla ensuite au Pérou et s'établit à Chimbote, où il réussit à se créer une assez belle situation. Malheureusement, la révolution qui désola ce pays le retint plus longtemps qu'il n'aurait voulu à l'étranger. Finalement, il est mort à Lima, le 25 janvier 1911, sans avoir jamais plus revu son pays, ni sa famille.

7o **Félicité.** — La dernière de mes sœurs était née le 3 avril 1849. Elle avait 20 ans quand je fus ordonné prêtre. A ce moment, elle vint habiter avec moi. Combien ma vie eût été plus douce si toujours elle avait partagé mon existence. Je l'avais espéré; je n'eus pas ce bonheur. Le 19 décembre 1873, elle se mariait avec André Audiffred, de Lans, qui s'était retiré du Mexique, avec une modeste fortune. Il s'était fixé à Jausiers, où il avait acheté une jolie propriété. Il y fit construire une maison agréable et commode. Pendant plusieurs années, ils vécurent heureux, mais l'épreuve ne tarda pas à venir. Elle s'annonça par la perte successive de cinq enfants. La douleur que leur mère en ressentit influa sur sa santé et détermina chez elle une maladie nerveuse qui résista à tous les remèdes. Les dernières années de sa vie furent particulièrement douloureuses. Elle méritait un meilleur sort, car elle était bonne, douce et pleine de cœur. Elle terminait son martyre, ici bas, le 10 octobre 1906. Son mari était mort le 2 juillet 1900.

De leurs nombreux enfants, une seule fille leur avait survécut :

Clémentine. — Née le 23 avril 1876. Son éducation terminée, elle se mariait avec Barthélemy Michel, de Barcelonnette, le 27 septembre 1899. Elle eut la douleur de perdre son mari, le 16 décembre 1906. Sa vie était brisée.

Ils avaient eu un fils : André, né le 30 août 1900. Il fait présentement ses études au collège Stanislas, de Cannes. Par son application au travail et sa bonne nature, il fait l'unique joie de sa mère.

Clémentine passe une partie de l'année à Cannes, où son mari avait fait bâtir une villa très agréable, et l'été dans sa propriété de Jausiers.

CHAPITRE IX

Chaffréd Reynaud, chef de la famille.
Mélanie Audiffred, sa femme.
Leur descendance.

I.

Par la mort de notre regretté père, survenue, comme nous l'avons dit, le 3 mai 1860, Chaffréd, l'aîné de ses fils, âgé de 19 ans, devenait chef de la famille.

Nature droite, cœur bon, caractère heureux, jovial même à ses heures, tel fut Chaffréd Reynaud. Il ne connut jamais que des amis. Homme de bon conseil et conciliant, il était très souvent appelé comme arbitre dans les différents qui s'élevaient dans le pays ou dans les pays voisins, et il réussissait à peu près toujours à les régler à la satisfaction des parties. Il avait vocation pour être juge de paix.

Sa vie s'est passée sans bruit, dans le travail et l'accomplissement fidèle de ses devoirs de chrétien, de mari et de père de famille.

Il avait épousé, le 24 novembre 1869, Mélanie Audiffred, de Lans, sœur de notre beau-frère de Jausiers. On ne vit jamais ménage plus uni, ce qui fait l'éloge de tous les deux.

Jouissant d'une bonne santé, sa famille pouvait espérer de le conserver longtemps, lorsque, au cours de l'hiver de 1912, il fut atteint d'une maladie dont, tout d'abord, on ne soupçonna pas la gravité. Il était enlevé à l'affection des siens, le 19 mars 1912, laissant après lui un nom béni et une mémoire vénérée.

Descendance de Reynaud Chaffréd et de Mélanie Audiffred.

II.

De son mariage avec Mélanie Audiffred, Chaffréd Reynaud eut de nombreux enfants, dont plusieurs passèrent jeunes à une meilleure vie. Quatre lui ont survécu.

Ce sont, par ordre de naissance :

A. *Anne.* — Née le 14 décembre 1871 ; mariée à Joseph Tiran, de Tournoux, le 24 novembre 1894. Par son intelligence et son travail, Joseph Tiran a réussi, au Mexique, à se créer une jolie situation. Rentré au pays, il a fait restaurer la maison paternelle avec beaucoup de goût. C'est la résidence d'été. En hiver, la famille Tiran s'en va habiter Aix, où le climat est plus doux et où l'on trouve toutes les facilités pour faire élever les enfants. L'aînée, Adrienne, est née le 5 décembre 1898 ; Joseph, le 15 décembre 1902.

B. *Edouard.* — Né le 11 février 1877. Nous en parlerons dans l'article suivant.

C. *Louise.* — Née le 5 février 1878.

D. *Berthe.* — Née le 11 octobre 1891.

Elles n'ont jamais quitté la maison paternelle.

CHAPITRE X

Edouard Reynaud, chef de la famille.

I.

Né le 11 février 1877, Edouard partait pour le Mexique, à l'âge de 18 ans. Par son travail, son économie et sa bonne conduite, il a réussi à réaliser une modeste fortune qui lui permettra de vivre tranquillement. Fatigué par un travail excessif, il s'est retiré des affaires, cette année même, et habite présentement à Tournoux, avec sa mère et ses sœurs. C'est lui qui est appelé, si Dieu le veut, à continuer la lignée des ancêtres. Il a derrière lui, dans ses aïeux, de nombreux exemples de travail, d'honneur et de vertu. J'ai la confiance qu'il ne dérogera pas. C'est mon vœu le plus cher, dont je demande à Dieu la pleine réalisation (1).

Mon travail sur la famille touche à sa fin. Comme je le disais en commençant, il m'a coûté beaucoup, mais je ne regrette pas de l'avoir entrepris et je suis convaincu que, malgré son imperfection, cette notice sur notre famille sera lue avec intérêt par tous les parents. Elle porte, en tête, nos armoiries, qui sont : *De gueules au chevron d'or, ayant, à dextre*

---

(1) Propriétés qui composent, en 1913, le domaine familial : Le Goutail ; le Coni ; La Chabrasse ; Les Clots ; La Chalanette ; Le Plan-Bas ; L'Esparseillet ; Saint-Jeannet ; Le Pré de Baron : la Barre ; Le Champ-Grand ; deux ou trois hermes au quartier de Grangeon ; L'Iscle ; Les Auches ; La Traverse ; Les Combes ; La Vaouta ; Le Pré Rivier.

et à senestre, un soc de charrue et encadrant une tour de gueules.

Le chevron, dirigeant sa pointe vers le ciel, marque la fidélité de la famille à la pratique de sa religion. La tour symbolise l'honneur que la famille des Reynaud n'a jamais entaché. Les deux socs de charrue, le travail.

Puisse-t-elle être fidèle, toujours, à sa belle devise: *Religion, honneur, travail!*

TABLE DES MATIÈRES

www.ingramcontent.com/pod-product-compliance
Lightning Source LLC
LaVergne TN
LVHW020339230826
846091LV00003B/931